I0170473

Presentado a:

_____

Por:

_____

Fecha:

_____

Devocionario

Un Minuto con Dios

Las 10 llaves para una relación más íntima y saludable

PARA PAREJAS

REBECA SEGEBRE

Editorial Güipil

Para otros materiales, visítanos en:
EditorialGuipil.com

Publicado por **Editorial Güipil**
Miami, FL - Roanoke, VA Estados Unidos de América

Editorial Güipil

Editorial Güipil. Edición aniversario. 2019
www.EditorialGuipil.com

Diseño: Victor Aparicio / Vive360Media.com
ISBN-13: 978-1-7335328-4-6
ISBN-10: 1-7335328-4-6

Categoría: Autoayuda / Relaciones / Amor y matrimonio / Vida cristiana / Inspiración

Dedicatoria

A mis padres, Carmen y Najib Segebre;
mi hermano, Moshe Segebre;
mis hermanas Raquel Segebre Aguirre, Soraya Segebre y
Debora Segebre Tannen;
mis hijos, David y Julia,
y a mi amado y creativo esposo, Victor.

Agradecimientos

Agradezco a Dios por permitirme iniciar *Un minuto con Dios* en la radio y utilizarlo para proclamar Su Palabra y mensaje de salvación, así mismo, por expandir mi carrera como conferencista y autora.

Agradezco también a cada persona que ha contribuido en mi vida, en especial en los últimos treinta años que he vivido en los Estados Unidos para que pudiese lograr mi sueño de empresaria y autora.

Agradezco a mi esposo, Victor, y a mis hijos, David y Julia, por acompañarme en momentos de intenso dolor, trabajo y victorias; gracias por siempre creer en mí.

Agradezco a Dios por todos los mentores y asesores, en especial a Christyan Perez y Carmen Morinigo de CPR Consultora, por ayudarme en el crecimiento y fortalecimiento de mi empresa, convertirme en líder y por todo lo que he logrado con su ayuda.

Agradezco al pastor Lemuel Ortiz, presidente de la radio en Miami La Nueva 88.3 FM, por ser el primer medio de comunicación en abrazar y creer en el proyecto *Un minuto con Dios,* al que después de un largo tiempo se unieron más de 5,000 estaciones de radio.

Agradezco a cada una de las mujeres que cada día se unen a nuestra Editorial Güipil y que colocan su confianza en nosotros para alcanzar sus sueños y ayudar a muchos otros.

Agradezco a mi esposo, Victor, como director creativo de Editorial Güipil, por su integridad, compromiso y profesionalismo. Te amo.

Contenido

feliz

adjetivo

1. [persona] Que se siente plenamente satisfecho por
   gozar de todo lo que desea o por disfrutar de algo bueno.

"no se necesitan cosas materiales para ser feliz"
sinónimo: **dichoso**

Invitación a reflexionar en pareja

La mayoría de nosotros llegamos a un punto en nuestro matrimonio que parece que **la felicidad** no es constante; el estrés de la vida diaria nos agobia y afecta nuestras relaciones más íntimas.

Escribí este libro de reflexiones que te ayudarán a aprender a amar a tu cónyuge sin importar las circunstancias, y descubrir cómo vivir juntos con pasión. Toma cada día *Un Minuto con Dios* y verás el resultado en todas tus relaciones.

Por eso te invito a que utilices estos *Minutos* para reflexionar al lado de tu cónyuge, y de esa manera, fortalecer y nutrir tu relación cada día. Si leen el libro juntos, entonces sería beneficioso que cada uno comparta sus ideas y su plan de acción.

Muchas parejas no se comunican porque no tienen un mecanismo con el cual comenzar conversaciones diarias, son entonces los temas de emergencia los que dictan las interacciones entre ellos. *Un Minuto con Dios*, te llevará a reflexionar en diez temas importantes y claves para la salud de un matrimonio y, por lo tanto, te ayudará a entablar conversaciones más profundas y trascendentales con tu cónyuge.

Después de cada reflexión, hay un espacio para que escribas tu compromiso y tus pensamientos, de cómo los cambios que deseas hacer, van a contribuir al fortalecimiento de tu relación.

Envíame tus comentarios a esta dirección:
RebecaSegebre@gmail.com
rebecasegebre.org
vive360.org

Te animo a que comiences a usar
los principios y los ejercicios de este libro hoy mismo.

¡Tu relación matrimonial se fortalecerá como nunca antes!
Rebeca Segebre

EL PERDÓN

«Yo perdono pero no olvido
es otra manera de decir,
no te perdono.
El Perdón tiene que
ser como cuando una deuda
es cancelada—
rasgada en dos,
y quemada, de tal manera que
nunca pueda ser usada nuevamente
en contra de aquel individuo.»

Henry Ward Beecher

REFLEXIÓN 1

*«Sean comprensivos con las faltas de los demás y perdonen
a todo el que los ofenda. Recuerden que el Señor los perdonó
a ustedes, así que ustedes deben perdonar a otros.»*
Colosenses 3:13 (NTV)

¿Alguna vez te has preguntado por qué las personas más cercanas a nosotros tienen el poder de ofendernos más? Parte de la respuesta reside en nuestra habilidad de sentir la emoción del amor.

Para experimentar totalmente el amor en cualquier relación, debemos, en primer lugar, bajar nuestras paredes emocionales, lo cual nos hace vulnerables a ser heridos. Puesto que nadie es perfecto, todos hacemos y decimos cosas que ofenden a los que más amamos.

La manera como escojamos reaccionar cuando nuestro cónyuge nos ha ofendido, determinará si somos capaces o no de formar y sostener un matrimonio sano.

Perdonar y ofrecer una disculpa sincera son dos de las medicinas más efectivas para sanar un matrimonio.

La Palabra de Dios dice: sean tolerantes los unos con los otros, perdónense, así como el Señor los ha perdonado a ustedes.

Tu Reflexión

....

....

....

....

....

....

....

....

....

perdonar

verbo transitivo/verbo intransitivo

1. Olvidar [una persona] la falta que ha cometido otra
   persona contra ella o contra otros y no guardarle rencor
   ni castigarla por ella, o no tener en cuenta una deuda o
   una obligación que otra tiene con ella.

"aunque los había castigado sin postre, la madre terminó
perdonando a sus hijos"
   sinónimos: **absolver, rehabilitar, amnistiar, liberar.**

REFLEXIÓN 2

«No digas: "Me voy a vengar de este mal";
espera a que el Señor se ocupe del asunto.»
Proverbios 20:22 (NTV)

En la ceremonia de nuestra boda, el ministro que nos casaba nos dijo: "Un buen matrimonio está hecho de dos buenos perdonadores". Sus palabras nos impactaron, pero en ese momento realmente no entendimos la magnitud y la importancia de su consejo.

Cuando estemos disgustados con nuestro cónyuge, la pregunta que nos debemos hacer es: "¿Quiero sentir enojo, resentimiento, amargura, dolor y desdicha; o por el contrario, quiero estar libre para sentir amor, paz y felicidad?"

Para sentir estas emociones necesitamos perdonar a nuestro cónyuge cuando ella/él nos ofende y, por supuesto, ofrecer una disculpa sincera cuando nosotros le ofendemos. Nuestro modelo es el Señor, quien es "bueno y perdonador, y grande en misericordia" para con nosotros (Salmos 86: 5).

«El perdón tiene la capacidad de liberarte de las heridas de
tu pasado para que puedas buscar tu futuro con energía.
El perdón hace que sea posible empezar de nuevo [...]
Justo con el perdón se contruye un optimismo que te
impulsa hacia el futuro».

Dr. Dick Tibbits, *Perdona para vivir*

VERSÍCULOS Y FRASES PARA RECORDAR

REFLEXIÓN 3

« Hagan todo sin quejarse y sin discutir...»
Filipenses 2:14 (NTV)

Hoy es día de confesión. Yo confieso que muchas veces es difícil perdonar a mi esposo. No tanto por el tamaño de la ofensa, sino porque usualmente utilizo su ofensa como un arma contra él cada vez que discutimos, y si lo perdono, si realmente lo perdono, entonces no tengo con qué defenderme, o por lo menos así me siento. Cuando tomo esta actitud, estoy actuando en contra de lo que la Palabra de Dios nos enseña: "Háganlo todo sin quejas ni contiendas".

A veces es necesaria una ofensa grande, una que traiga realmente mucho dolor, amargura y enojo, para entender el valor sanador del perdón en esencia, el perdón es amor en acción. El perdón nos llevará por un camino y un proceso en el que es posible reemplazar los sentimientos de amargura, enojo y dolor con amor. Pero hay que ser paciente y no rendirse. Vale la pena perdonar y ofrecer disculpas.

....

....

Hoy es día de
Confesión

....

....

....

....

....

....

....

....

....

....

«Confiésense los pecados unos a otros y oren los unos por los otros, para que sean sanados. La oración ferviente de una persona justa tiene mucho poder y da resultados maravillosos.»

Santiago 5:16 (NTV)

REFLEXIÓN 4

«Que los malvados cambien sus caminos y alejen de sí hasta el
más mínimo pensamiento de hacer el mal. Que se vuelvan al Señor,
para que les tenga misericordia. Sí, vuélvanse a nuestro Dios,
porque él perdonará con generosidad..»
Isaías 55:7 (NTV)

Hoy es día de acción

Esta semana hemos aprendido que perdonar y ofrecer una disculpa sincera son dos de las medicinas más efectivas para sanar un matrimonio.

Hay tres pasos cruciales para ofrecer una disculpa sincera a tu cónyuge:

• Primero, reconocer exactamente qué hicimos que ofendió a nuestro cónyuge.
• Segundo, desarrollar un plan para no repetir el mismo error otra vez.
• Tercero, decirle que lo sientes.

Algunas veces omitimos los dos primeros pasos y vamos derecho al tercer paso; al hacer esto, la fuerza sanadora de las palabras "lo siento" perderá su efectividad.

De cualquier manera, la clave es calmarse antes de hablar. Recuerda que "la blanda respuesta aplaca la ira" y reconoce que tú tampoco eres perfecto y que aquel que sí es perfecto, nos perdona.

Tu plan de acción

REFLEXIÓN 5

«Confiésense los pecados unos a otros y oren los unos por los otros, para que sean sanados.
La oración ferviente de una persona justa tiene mucho poder y da resultados maravillosos.»
Santiago 5:16 (NTV)

Cómo escogemos reaccionar cuando nuestro cónyuge nos ha ofendido, determinará si somos capaces de formar y sostener un matrimonio sano.

Es interesante notar que la confesión, la sanidad y la oración son colocadas juntas en este versículo.

Orar por nuestro cónyuge debe reemplazar el quejarnos de nuestro cónyuge porque, a diferencia de la queja, la oración es poderosa y eficaz.

¡Qué privilegio tan grande tenemos! Tú y yo podemos acercarnos al Dios del universo con toda confianza, porque cristo nos abrió el camino.

Si hemos ofendido: confesemos; si nos han ofendido, perdonemos; y cada día tomemos tiempo para orar el uno por el otro.

Perdonar y ofrecer una disculpa sincera son dos de las medicinas más efectivas para sanar un matrimonio.

Juntos podemos... (hacer esto)

....

....

....

....

....

....

....

....

....

....

"¿Y eso duele?" preguntó el conejo.
"Algunas veces," dijo el caballo Piel de Tela,
porque él era siempre sincero.
"Cuando eres Real no te importa ser lastimado."

- Margery Williams, *El conejo de peluche*

EJERCICIO EN PAREJA

Escribe un área de la vida familiar en la que es un desafío caminar juntos.

Me propongo...

Hablar con bondad, **perdonar** y pedir disculpas.

¿EN QUÉ ÁREA ES UN PLACER CAMINAR JUNTOS?

PRINCIPIOS EN EL CUIDADO DE LOS HIJOS

«Muchas de las cosas que necesitamos
pueden esperar.
Un niño no puede.
Ahora es el momento en que sus
huesos son formados, y sus sentidos son
desarrollados.
A él no le puedes contestar "mañana".
Su nombre es "hoy".»

Gabriela Mistral

REFLEXIÓN 6

*«Hijos, obedezcan siempre a sus padres,
porque eso agrada al Señor..»*
Colosenses 3:20 (NTV)

El Señor nos dio el privilegio de adoptar a nuestros hijos en Junio del 2006. Un niño de dos años y una niña de un año, adoptados al mismo tiempo en la ciudad de Moscú, de dos familias biológicas de etnicidad totalmente diferentes. Llegar a ser la madre de David y Julia ha proporcionado parte de las alegrías más grandes de mi vida, al igual que los desafíos más intensos.

Todo padre lucha por encontrar maneras efectivas de educar y enseñar a sus hijos. Como madre, busco constantemente qué principios aplicar en el cuidado de mis niños. Cuando hablo de principios me refiero no sólo a ideas basadas en la experiencia particular o colectiva de varios individuos, sino a declaraciones apoyadas en la Biblia y confirmadas en el laboratorio de la vida (no lo contrario).

¿Dónde encuentro estos principios? En mi vida de devoción a Dios y en la lectura de la Palabra. Cuando tengo dudas, en el consejo sabio de mi madre y de otras sabias mujeres de Dios. Algo que me ayuda como madre y esposa es leer un capítulo de Proverbios todos los días. Te animo a que hagas lo mismo. ¡Tu vida cambiará!

TU REFLEXIÓN

....

....

....

....

....

....

....

....

cuidar

verbo transitivo/verbo intransitivo

1. Ocuparse de una persona, que requiere de algún tipo de atención o asistencia, estando pendiente de sus necesidades y proporcionándole lo necesario para que esté bien o esté en buen estado.

"cuida de que el niño coma; cuidar del bebé "
sinónimos: **atender, velar, conservar, proteger.**

REFLEXIÓN 7

«Ama a tu prójimo como a ti mismo.»
Marcos 12:31 (NTV)

Quiero hablarte de algunos principios que utilizo en el cuidado de mis hijos. El primero es el más importante: ¡Tengo que cuidarme a mi misma!

Si descuidamos nuestro propio ser, nuestra habilidad de aplicar cualquier otro principio será limitada. Nosotros simplemente no podemos llenar la vida de nuestros niños si nuestro vaso está vacío. Practicar este principio es obedecer el mandato de Cristo, que nos enseña a amar a nuestro prójimo como a nosotros mismos. Practicar el principio de cuidarnos para poder cuidar a nuestros hijos, implica usar nuestros dones fuera de la familia y dentro de ella además de rodearnos de familia y amigos que nos dan apoyo emocional y práctico.

Algo muy importante es el esforzarnos por modelar en nuestra propia vida, esos atributos y virtudes los cuales queremos que nuestros niños emulen ahora y luego, cuando ellos lleguen a ser adultos. La oración y la vida de devoción se modelan en el hogar.

Te animo a que tu altar familiar sea tan emocionante como tu vida de devoción.

VERSÍCULOS Y FRASES
PARA RECORDAR

UN MINUTO CON DIOS

REFLEXIÓN 8

«Un plato de verduras con alguien que amas
es mejor que carne asada con alguien que odias.»
Proverbios 15:17 (NTV)

El segundo principio en el cuidado de nuestros hijos es: nutrirlos. En términos científicos, el nutrir es llamado un "súper factor". Esto quiere decir que los investigadores lo consideran el principio más importante en el cuidado de los niños. Si los niños no se sienten amados y queridos, no importa qué otras cosas maravillosas los padres hagan, no tendrán mucha influencia sobre ellos.

Como madre adoptiva puedo dar testimonio del poder de la nutrición, no sólo física sino emocional y espiritual. Mi hijo David ganó 50 % de su peso en sólo un mes de estar con nosotros, pero más importante que eso, él aprendió a correr a mis brazos en las cuatro primeras horas que estuvo conmigo como mi hijo.

Dicen que los niños que crecen en orfanatos, tienen por lo menos tres meses de atraso por cada año de vida, y la razón, es la falta de afecto y cariño. Si Dios te bendijo con un hijo, bendícelo nutriéndolo cada día con amor y afecto.

Hoy es día de confesión

«Confiésense los pecados unos a otros y oren los unos por los otros, para que sean sanados. La oración ferviente de una persona justa tiene mucho poder y da resultados maravillosos.»

Santiago 5:16 (NTV)

REFLEXIÓN 9

«Dirige a tus hijos por el camino correcto,
y cuando sean mayores, no lo abandonarán.»
Proverbios 22:6 (NTV)

El tercer principio en el cuidado de nuestros hijos es: ¡guía a tus niños! Los niños necesitan que los instruyamos en los valores, las pautas y los estándares que usarán en sus propias vidas. la guía es mejor que el castigo. Un padre que instruye, enseña que las consecuencias positivas o negativas son el resultado de ciertas actitudes y conductas. Los padres que guían, enseñan por medio del ejemplo, a colocar límites y a desarrollar las cualidades que definen el carácter cristiano.

En un nuevo estudio de la Universidad estatal de Ohio publicado el 17 de abril del 2007, se descubrió que "tener un matrimonio sólido ayuda a las parejas a tratar con un bebé o hijo temperamental. Las parejas que no tienen una relación fuerte el uno con el otro son más susceptibles de entrar en conflictos cuando tienen que tratar con un bebé o hijo desafiante". Si estamos teniendo problemas instruyendo y guiando a nuestros hijos, puede ser que necesitemos un curso matrimonial y no un curso de educación infantil que nos muestre el camino a una familia feliz.

Tu plan de acción

REFLEXIÓN 10

«Elijan mi instrucción en lugar de la plata
y el conocimiento antes que el oro puro.
Pues la sabiduría es mucho más valiosa que los rubíes.
Nada de lo que uno pueda desear se compara con ella.»
Proverbios 8:10-11 (NTV)

El cuarto principio en el cuidado de nuestros hijos es: ¡Motivarlos! Los primeros maestros de un niño son sus padres. Motiva a tu niño a aprender, creando un "laboratorio de aprendizaje" en casa, no importa si es un tanto pequeño. Ten libros, enciclopedias (aún viejas, anticuadas), y también Biblias de niños y de adultos. Aliéntalos a aprender modelando tú: leyendo y aprendiendo sobre todo la Palabra de Dios. Pero este laboratorio de aprendizaje debe también ser interactivo y flexible. Por ejemplo, no desperdicies momentos en los que tu niño te haga una pregunta, estos son "momentos de enseñanza" invaluables.

La Palabra de Dios nos dice en Hebreos 10:24, "Preocupémonos los unos por los otros, a fin de estimularnos al amor y a las buenas obras"

Mantengamos estos cuatro principios: "el cuidado de sí mismo, la nutrición, la guía y la motivación" anunciados en el cartel de nuestra mente.

Juntos podemos... (hacer esto)

....

....

....

....

....

....

....

....

....

....

....

« Mi hija se llama Julia, "amada", porque yo decidí amarla. Ella es la persona sobre la que se derrama mi corazón y mi ser».

-Rebeca Segebre, *El milagro de la adopción.*

EJERCICIO EN PAREJA

Escribe la misión que comparten juntos. Utiliza los valores que ambos comparten y las actividades que los renuevan como pareja.

Esta es nuestra misión:

Amar y cuidarnos.

Atesorar los momentos cotidianos y celebrar los extraordinarios.

Crear juntos algo hermoso que glorifique a Dios y sirva a la humanidad.

NUESTRA MISIÓN

EL RESPETO

«Un hombre llega a ser respetable en la medida que él sabe respetar.»

-Ralph Waldo Emerson

REFLEXIÓN 1

«Por eso les repito: cada hombre debe amar a su esposa
como se ama a sí mismo,
y la esposa debe respetar a su marido.»
Efesios 5:33 (NTV)

¿Recuerdas, en el pasado, el tiempo en que tú y tu esposo eran sólo novios? ¿Te acuerdas cómo tratabas de esconder tus faltas? No te sientas mal. ¡Él probablemente también estaba haciendo lo mismo! ¿Te acuerdas cómo ignorabas también sus faltas o las veías en una luz más positiva? Cuando miramos atrás nos damos cuenta por qué dicen que el amor es ciego. Como un subproducto de esta actitud, el nivel de respeto hacia tu cónyuge probablemente creció.

Cuando notamos las cosas buenas de las personas, nuestro nivel de respeto hacia ellos aumenta.

Hoy, sin embargo, después de casados, notamos las fallas de nuestro cónyuge y no tratamos de ignorarlas, sino que muchas veces nos enfocamos en ellas y el nivel de respeto en el matrimonio comienza a desgastarse.

La Palabra dice en Efesios que: "la mujer debe reverenciar a su marido o respetarlo." Y Pedro nos dice que: "el hombre debe dar honor y respeto a su esposa".

La Biblia nos enseña que el respeto en el matrimonio no es opcional, no está basado en los meritos del otro. actuar con respeto es un deber para cada cónyuge.

Tu Reflexión

....

....

....

....

....

....

....

....

....

respeto

nombre masculino

1. Consideración, acompañada de cierta sumisión,
   con que se trata a una persona o una cosa por alguna
   cualidad, situación o circunstancia que las determina y
   que lleva a acatar lo que dice o establece o a no causarle
   ofensa o perjuicio.

"el respeto a los derechos humanos; el respeto a la libertad
de expresión; el respeto al propio cuerpo"
   sinónimos: **consideración, admiración, sumisión a las
normas.**

43

REFLEXIÓN 12

«Así es como lucían hermosas las santas mujeres de la antigüedad. Ellas ponían su confianza en Dios y aceptaban la autoridad de sus maridos.»
1era de Pedro 3:5 (NTV)

Según crece nuestro respeto por una persona, encontramos más fácil escucharla, hablar en un tono respetuoso y tratarla de una manera considerada.

Cuando comenzamos a enfocarnos en las fallas de nuestro cónyuge, nuestro nivel de respeto comienza a desgastarse. notarás inmediatamente los efectos secundarios, de cómo le hablas, le escuchas y le tratas.

Al tiempo que el respeto se desgasta, el desprecio aumenta. El desprecio envenenará tu matrimonio y traerá con él, dolor y desdicha.

Ambos, el respeto y el desprecio, se edifican en lo que tú decidas enfocarte.

Decide hoy que no tratarás de forzar a tu cónyuge a que cambie sólo para llenar tus expectativas. al final, esta ruta nos lleva a un desengaño amargo y frustrante, ya que cada intento crea más resistencia y finalmente falla. Tú sólo puedes comenzar el cambio en ti.

¡Decídete hoy!

VERSÍCULOS Y FRASES
PARA RECORDAR

REFLEXIÓN 13

«La mujer bondadosa se gana el respeto,
pero los hombres despiadados solo ganan riquezas.»
Proverbios 11:16 (NTV)

El sabio Salomón hace aquí una comparación muy interesante.

En otras palabras, el respeto no se puede imponer, no se gana el respeto a la fuerza, se gana con actos bondadosos.

¿Qué actitudes se podrían considerar bondadosas en el matrimonio, que despertaran el respeto de nuestro cónyuge hacia nosotros? Estos son algunos ejemplos:

- Cuidar el lenguaje que usamos con nuestro cónyuge.
- Ser considerados y amables.
- Aceptarlo tal y como es, sin críticas ni quejas.
- Siendo paciente y tolerante.

¿Debemos aprender a tolerar todas las faltas? Por supuesto que no. Un ejemplo de una falta que no se debe tolerar es la violencia doméstica. Las víctimas de violencia doméstica deben buscar ayuda inmediatamente.

Hoy es día de
confesión

«Confiésense los pecados unos a otros y oren los unos por los otros, para que sean sanados. La oración ferviente de una persona justa tiene mucho poder y da resultados maravillosos.»

Santiago 5:16 (NTV)

REFLEXIÓN 14

«La lengua puede traer vida o muerte;
los que hablan mucho cosecharán las consecuencias.»
Proverbios 18:21 (NTV)

Hoy es día de confesión. Yo confieso que no siempre he respetado a mi esposo como Dios nos manda. No siempre me he enfocado en las cosas buenas de mi esposo, pero sí en sus faltas. He tratado de cambiarlo usando críticas y quejas. No he sido paciente ni tolerante.

¿Y sabes a dónde me condujo esta actitud? A la depresión y llevé nuestro matrimonio al borde del fracaso. Aprendí que a la única persona que podía ayudar a cambiar era a mi misma y que sin respeto, mi esposo reaccionaba sin amor. No es casualidad que Pablo nos exhorte en Efesios a que "cada uno ame también a su esposa como a sí mismo, y que la esposa respete a su esposo". Existe una relación directamente proporcional entre el respeto al esposo y el amor hacia la esposa.

¿Quieres mi consejo después de tan frustrante experiencia? Deja la crítica y la queja y levanta a tu cónyuge en oración.

Tu plan de acción

REFLEXIÓN 15

«De la misma manera, ustedes maridos, tienen que honrar a sus esposas. Cada uno viva con su esposa y trátela con entendimiento. Ella podrá ser más débil, pero participa por igual del regalo de la nueva vida que Dios les ha dado. Trátenla como es debido, para que nada estorbe las oraciones de ustedes.»
1ra Pedro 3: 7 (NTV)

Hoy es día de acción. La Biblia es bien clara al señalar que la voluntad de Dios para la pareja es que los dos deben respetarse. 1era de Pedro 3: 7 dice que el esposo debe tratar a su esposa con respeto. Y Efesios 5:33 nos dice que: "la mujer debe reverenciar a su marido" esto es ¡respetarlo!

Tal vez tú estás en una situación que parece ser un círculo vicioso; parece que los dos se han perdido el respeto. Tal vez ya estás sufriendo los resultados de esta actitud y sientes que el desprecio está tocando la puerta de tu hogar. Esta semana hemos hablado de cómo el enfocarnos en las cosas positivas de nuestro cónyuge, hará que nuestro respeto aumente. Yo te animo a que durante las próximas tres semanas, hagas una lista cada día de diez cosas positivas que tu cónyuge ha hecho. Puedes ir al pasado e incluir cosas de tus buenos recuerdos. Cada noche, comparte algunos de los temas de tu lista con tu cónyuge.

También te animo a que cada vez que te encuentres persistiendo en las faltas de tu cónyuge, le levantes en oración a Dios. Si necesitas una guía práctica de oración escríbenos y te la haremos llegar.

Juntos podemos... (hacer esto)

....

....

....

....

....

....

....

....

....

....

....

«La manera en que nos honramos mutuamente determinará si tendremos éxito. Nuestro fracaso se puede rastrear hasta el día en el que decidimos no respetar al que debimos haber honrado, y en el matrimonio debemos honrar nuestros contratos, compromisos y promesas.»

-Rebeca Segebre, *Mi vida un jardín*

EJERCICIO EN PAREJA

Cierra los ojos y agradece a Dios por Su amor, demostrando un gesto de bondad y cotidiano de tu cónyuge.

Yo...

GRACIAS POR TUS GESTOS DE BONDAD

Tú...

EL EGOÍSMO

«Hay dos tipos de egoístas:
aquellos que lo admiten,
y el resto de nosotros.»

Dr. Lawrence J. Peter

REFLEXIÓN 16

«El amor es paciente y bondadoso.
El amor no es celoso ni fanfarrón ni orgulloso ni ofensivo.
No exige que las cosas se hagan a su manera. No se irrita ni lleva
un registro de las ofensas recibidas. No se alegra de la injusticia
sino que se alegra cuando la verdad triunfa..»
1 Corintios 13:4-6 (NTV)

Si quieres un matrimonio sano y feliz, entonces tienes que aprender a controlar tu egoísmo. Por otro lado, si quieres realmente dañar tu matrimonio e incrementar el dolor y la infelicidad que tal vez ya estás experimentando, entonces sé egoísta.

El egoísmo es una parte universal de la experiencia humana. está en nuestra naturaleza el ser egoístas. Cuando somos egoístas, usualmente somos recompensados con un gusto. Sin embargo, el placer es efímero, pero las consecuencias no lo son.

El egoísmo envenena nuestras relaciones matrimoniales.

Es bueno aclarar que ocuparnos en nuestros intereses es algo importante si uno quiere llevar una vida sana y satisfactoria. El problema es cuando se buscan sólo los intereses personales sin tomar en consideración los intereses de los demás, ni los de la sociedad, esta es la definición exacta del egoísmo.

TU REFLEXIÓN

....

....

....

....

....

....

....

....

egoísta

adjetivo/nombre común

1. Que antepone el interés propio al ajeno, lo que suele
   acarrear un perjuicio a los demás.

"su egoísmo le impide reconocer que se ha equivocado de
nuevo"

sinónimos: **egocéntrico, egotista, individualista.**

REFLEXIÓN 17

«El hombre quería justificar sus acciones,
entonces le preguntó a Jesús:
—¿Y quién es mi prójimo?»
Lucas 10:29 (NTV)

El origen de la palabra *egoísmo* es precisamente esa: ego, yo. Es el principio de conducta que busca los propios intereses personales sin tomar en consideración los intereses de los demás ni los de la sociedad. El egoísmo se halla estrechamente ligado al individualismo

La mayoría de nosotros sabemos que el egoísmo tiende a alejar a las personas. Por eso fue que escondimos nuestras tendencias egoístas de nuestros cónyuges cuando estábamos de novios. Después de casarnos, nos comenzamos a sentir suficientemente seguros en la relación y dejamos que las tendencias egoístas se comenzaran a mostrar. No importa qué tan fuerte sea la relación que hayamos desarrollado mientras manteníamos nuestra naturaleza egoísta bajo control, esta se comenzará a envenenar tan pronto como mostremos comportamientos egoístas.

La actitud de los dos primeros personajes que pasaron junto al caído en la parábola del buen samaritano, nos ilustra lo que el egoísmo nos lleva a hacer: ¡Ignorar las necesidades de los otros cuando no están alineadas con las nuestras! Por el contrario, en el matrimonio debemos actuar como el buen samaritano, aquel que se detiene, considera la necesidad del otro, lo levanta y le sirve.

VERSÍCULOS Y FRASES
PARA RECORDAR

REFLEXIÓN 18

«*Pues ustedes, mis hermanos, han sido llamados a vivir en libertad; pero no usen esa libertad para satisfacer los deseos de la naturaleza pecaminosa. Al contrario, usen la libertad para servirse unos a otros por amor.*»
Gálatas 5:13 (NTV)

Hoy es día de confesión: Yo confieso que cuando mi esposo y yo éramos novios, yo mostraba una preocupación por sus cosas mucho más que la que tenía después de casada. Me interesaba saber qué colonia le gustaba, lo acompañaba a partidos de fútbol que realmente no me interesaban. Y yo estoy segura que a todos nos aconteció algo parecido.

Nuestra experiencia de noviazgo nos enseña que tenemos la habilidad de controlar nuestro egoísmo. Pero, ¿cómo podemos recuperar esta habilidad una vez que estamos casados? El temor de alejar a nuestra pareja era el factor que nos motivaba a controlar nuestra naturaleza egoísta cuando estábamos de novios. Aunque el temor puede motivarnos a cambiar nuestro comportamiento a corto plazo, este pierde su efecto a largo plazo.

Una solución a largo plazo es la de reemplazar nuestras tendencias egoístas con algo positivo.

El antídoto al egoísmo es el servicio. Es difícil ser egoísta cuando estamos sirviendo a nuestro cónyuge. El servicio nos fuerza a poner las necesidades de nuestro cónyuge por encima de las nuestras. ¡Busca maneras de servir a tu cónyuge hoy y verás el cambio en tu relación!

Hoy es día de confesión

«Confiésense los pecados unos a otros y oren los unos por los otros, para que sean sanados. La oración ferviente de una persona justa tiene mucho poder y da resultados maravillosos.»

Santiago 5:16 (NTV)

REFLEXIÓN 19

«Trabajen con entusiasmo,
como si lo hicieran para el Señor y no para la gente.»
Efesios 6:7 (NTV)

Una de las llaves para tener un matrimonio fuerte radica en pensar y tratar de llenar las necesidades de tu cónyuge antes que las tuyas. Cuando usas esta llave, alejas el egoísmo y un espíritu de servicio absorbe tu relación. Este espíritu de servicio es contagioso. Algunos estudios muestran que tu cónyuge comenzará a hacer lo mismo en un periodo de tres semanas. Él o ella tal vez, al principio, verán tu servicio con sospecha; sin embargo, si eres consistente en tu servicio, él o ella eventualmente comenzará a actuar recíprocamente y muy pronto los dos comenzarán a experimentar el gozo y felicidad de un matrimonio que normalmente practica el servicio.

¿Te imaginas qué diferencia veríamos en nuestros hogares si sirviéramos a nuestro esposo como si estuviéramos sirviendo al mismo Señor Jesús? Muchas veces a nosotras las mujeres, nos es muy fácil decir que haríamos cualquier cosa por nuestro Señor. Sin embargo, cuando tiene que ver con nuestros esposos, no mostramos la misma actitud de servicio. La Biblia nos confronta cuando nos dice que si no amamos a nuestro *hermano* a nuestro prójimo, al cual vemos, ¿cómo podemos decir que amamos a Dios que no vemos?

Te sugiero que sigas este plan de acción: Haz una lista de cinco cosas que harás cada día para servir a tu cónyuge. Toma tiempo cada semana para añadir nuevas ideas a tu lista. Y recuerda, algo maravilloso que puedes hacer por tu cónyuge es recordarlo en oración diariamente.

Tu plan de acción

REFLEXIÓN 20

«No busques vengarte,
ni guardes rencor contra tus hermanos[...],
sino ama a tu prójimo como a ti mismo. Yo soy el Señor.»
Levítico 19:18 (NTV)

El egoísmo envenena el matrimonio. ¿Cuál es pues el verdadero remedio para el egoísmo? Una respuesta que hemos propuesto es el pensar en el otro, como en la parábola del buen samaritano. Este es definitivamente un buen hábito cristiano qué cultivar. Nuestro cónyuge es nuestro vecino, nuestro prójimo más cercano y uno al cual debemos servir y amar como a nosotros mismos.

Es de extrema importancia adquirir el hábito de pensar en el bienestar, conveniencia, deseos de nuestro cónyuge y buscar complacerle en las cosas que lo edifiquen; pero existe aún un camino mejor, el cual es dejar que Cristo llegue a ser el centro de nuestros pensamientos y no el *yo*, de tal manera que todas mis acciones tengan una referencia directa a Él.

En otras palabras, Cristo fue el buen samaritano perfecto y si nuestros pensamientos se alinean a los de Él, no habrá lugar para el egoísmo en nuestro matrimonio, sino para el servicio y el amor. Amy Carmichel, misionera y poeta cristiana del siglo 18 decía: "el amor de Dios espera hasta que el corazón hastiado de sí mismo vuelva a su señor y le diga: 'apodérate completamente de mí'. Él está dispuesto así como el agua está dispuesta a correr por un canal vacío".

Juntos podemos... (hacer esto)

....

....

....

....

....

....

....

....

....

....

....

....

«Una relación madura se concentra en el
"nosotros" y solo mira al "yo" para decidir qué
dar, qué defender y en qué aspectos trabajar.»

Rebeca Segebre, *Confesiones de una mujer positiva*

EJERCICIO EN PAREJA

Escribe las cosas por las que estás agradecido en las últimas 24 horas.

Yo...

GRACIAS POR TODO LO COTIDIANO Y BUENO

Tú...

EL AFECTO

«El afecto es responsable
por el noventa por ciento
de cualquier felicidad sólida
y duradera que exista en
nuestras vidas.»

C. S. Lewis

REFLEXIÓN 21

«Mi amado es mío, y yo soy suya.
Él apacienta entre los lirios.»
Cantares 2:16 (NTV)

El afecto físico es un ingrediente crítico para un matrimonio sano. Así como el cuerpo necesita regularmente de comidas nutritivas, nuestros matrimonios necesitan de dosis frecuentes de afecto para crecer sanamente. Sin afecto, nuestras relaciones matrimoniales se enferman y mueren. Muchas parejas están hambrientas por la falta de afecto, cuando el plan de Dios es que disfrutemos del afecto de los que amamos.

El afecto es algo que podemos dar a nuestros padres, nuestros hijos, así que no estamos hablando de sexo. Muchas personas crecieron en hogares donde el afecto físico no era común. Cuando llegan al matrimonio están hambrientas de afecto. Tenemos que tener cuidado de dar suficiente afecto físico a nuestra pareja sin necesidad de llevar toda expresión física al sexo. Abrazos, caricias, besos deben abundar diariamente en nuestra relación matrimonial sin que exista la expectativa de esperar que siempre estas expresiones afectivas se conviertan en algo más.

¿Cómo crees que se sentía esa esposa de la que habla Proverbios 31 cuando sus hijos se levantaban y la felicitaban, y su esposo la alababa por todas sus virtudes diciéndole: "Muchas mujeres han realizado proezas, pero tú las superas a todas"? Probablemente ella se sentía segura y emocionalmente más cerca de su familia. Y es que las palabras de afirmación son también una manera efectiva de mostrar afecto en el hogar, no sólo a la mujer, sino también al hombre y a los hijos.

TU REFLEXIÓN

....

....

....

....

....

....

....

....

¡El afecto es un elemento esencial para un matrimonio sano!

afecto

adjetivo

1. Sentimiento moderado de amor o cariño hacia una persona, por el cual se espera su bien y generalmente se desea su compañía.

"le he tomado cariño al gato y no quiero que se marche"

sinónimos: **preferencia, predilección, atracción, apego.**

REFLEXIÓN 22

«Entonces tomó a los niños en sus brazos y después de poner sus manos sobre la cabeza de ellos, los bendijo.»
Marcos 10:16 (NTV)

Hoy en día los hogares sólidos y felices corren el riesgo de volverse una especie en peligro de extinción.

Dicen que una de los regalos más grandes que un padre puede darle a sus hijos es el hacerles saber que el ama a su esposa. Es bueno que los padres muestren su afecto en frente de sus hijos. Uno de los recuerdos más gratos para un hijo es el recordar haber visto a sus padres mostrando afecto el uno al otro. En nuestro hogar, mi esposo es intencional en besarme en frente de nuestros hijos y luego dice: "beso de grupo", esta es la señal que él nos da para que nos abrazamos los cuatro y tiremos un beso en el centro del círculo. Un beso para todos y todos los besos para cada uno.

Jesús nos dejó el ejemplo de abrazar a nuestros hijos y bendecirlos. Muchas veces, cuando me siento cansada o emocionalmente cargada, yo le pido a mi esposo que me abrace y me bendiga. Mi esposo es mi cobertura espiritual y el puede usar sus manos y su boca, mostrar su afecto y bendecirme literalmente en el nombre de Jesús.

Busca oportunidades para tomarte de la mano con tu cónyuge. cuando estén caminando, cuando estén viendo televisión, si están cenando juntos, en la iglesia. Muchas veces las mujeres nos quejamos de que nuestros esposos se sientan a ver programas de televisión que no nos interesan, por lo general son los deportes. La próxima vez que esto suceda, no te quejes, mas bien, tómate de la mano con él, pídele que te dé un abrazo y quédate con el disfrutando de su compañía. No descuides el afecto en tu familia, más bien exprésalo con frecuencia y consistencia.

VERSÍCULOS Y FRASES
PARA RECORDAR

REFLEXIÓN 23

«El conocimiento, con control propio; el control propio, con perseverancia; la perseverancia, con sumisión a Dios; la sumisión a Dios, con afecto fraternal, y el afecto fraternal, con amor por todos. Cuanto más crezcan de esta manera, más productivos y útiles serán en el conocimiento de nuestro Señor Jesucristo»
2da Pedro 1:8-10 (NTV)

Hoy es día de confesión: yo confieso que a pesar de que en nuestra familia hemos adquirido buenos hábitos de saludarnos con un beso y tomar el tiempo para mostrar afecto cuando nos vemos después de un tiempo aparte, muchas veces he descuidado a mi familia y he dejado este buen hábito a un lado, con la excusa de que estoy ocupada sirviendo a Dios, y he creído que tal comportamiento se disculpa porque mi trabajo en el ministerio muestra mi devoción a Dios.

Quisiera compartir con ustedes algo que me ha ayudado. He decidido que después de un día agitado fuera de casa, antes de entrar por la puerta, apago mi celular y me siento en el carro por unos dos minutos. en esos dos minutos, trato de hacer el cambio de ambiente; respiro profundo, le pido a Dios me llene de su gracia para tratar con mi familia. Si no me tomo esos dos minutos, corro el riesgo de enviar el mensaje equivocado a mis hijos y a mi esposo; puede que no se den cuenta que estoy cansada, y que piensen que estoy cansada de ellos. Esos dos minutos me ayudan a llegar a mi familia más calmada y lista para poder mostrar el afecto que tengo por ellos de una manera concreta; un beso, un abrazo y unas efusivas expresiones de alegría de volver a estar en presencia de los que más amo. El afecto nutre y le da vida a nuestras relaciones familiares. No la descuides!

Hoy es día de confesión

«Confiésense los pecados unos a otros y oren los unos por los otros, para que sean sanados.
La oración ferviente de una persona justa tiene mucho poder y da resultados maravillosos.»

Santiago 5:16 (NTV)

REFLEXIÓN 24

«Que tu esposa sea una fuente de bendición para ti.
Alégrate con la esposa de tu juventud.»
Proverbios 5:18 (NTV)

El mostrar afecto de la manera que nuestros cónyuges pueden entender, trae como resultado que la pareja se sienta más segura, apasionada y emocionalmente cerca el uno del otro.

Hoy es día de acción: yo te animo a que aprendas el lenguaje de afecto que tu cónyuge habla. Encuentra si tu cónyuge es una persona práctica, o una persona que se conecta más en su área emocional, o tal vez es una persona intelectual. Además es importante que le comuniques a tu cónyuge qué clase de muestras de afecto son más importantes para ti.

¿Cómo podemos mostrar afecto? Hay muchas maneras:

- ¡Comienza cada día con un beso o un abrazo fuerte!
- Envíale una nota de amor.
- Llámale al trabajo sólo para decirle que le amas.
- En una noche clara miren juntos al cielo y busquen las estrellas.
- ¡Haz de la diversión juntos una prioridad!
  Y mis favoritas:
- Encuentra las cosas buenas de tu cónyuge y alábalo.
- En tiempos difíciles, piensa en las razones por las cuales te enamoraste de él y enfócate en ellas.

Tu plan de acción

REFLEXIÓN 25

«Yo soy de mi amado,
y él me busca con pasión.»
Cantares 7:10 (NVI)

La falta de afecto puede enfermar un matrimonio. Para que nuestros matrimonios sean sanos deben estar presentes tanto los sentimientos de amor como las expresiones de afecto.

La Palabra de Dios dice que el amor es bondadoso, entonces el mostrar afecto es ser tiernos; si el amor no es brusco, entonces el afecto se muestra a través de palabras de disculpas.

Si no sabes qué muestras de afecto aprecia más tu cónyuge, entonces pregúntale. Este consejo no es sólo para parejas que llevan casados poco tiempo, recuerda que los seres humanos cambiamos y nuestros gustos también cambian con el tiempo.

Percibir cuáles son las necesidades afectivas de nuestro cónyuge y llenarlas en una forma que las pueda entender, nos traerá felicidad matrimonial, intimidad, satisfacción y gozo.

Todos somos diferentes y todos mostramos nuestro afecto de manera diferente. Mi esposo, por ejemplo, todas las mañanas me prepara mi café. Yo lo recibo todas las mañanas como una muestra de su afecto hacia mí. Muchas veces podemos frustrarnos si solo vemos las expresiones de afecto que no recibimos en vez de contar, aceptar y agradecer las muestras de afecto que nuestro cónyuge nos provee. Tenemos que tener un balance en esta área para poder vivir una vida matrimonial saludable.

Juntos podemos... (hacer esto)

....

....

....

....

....

....

....

....

....

....

....

«Los deseos sexuales de hombres y mujeres pueden encenderse de manera diferente, pero el objetivo final (en el diseño de Dios) es la unidad espiritual, emocional y física.»

Rachel M. Dufour, *¡Que Viva la Va-Jay-Jay!*

EJERCICIO EN PAREJA

Cuando cerramos nuestros ojos,
esto es lo que soñamos juntos.

Yo...

AHORA, ABRAN LOS OJOS
Y COMPÁRTANLO
AQUÍ

Tú...

LAS FINANZAS

«La bendición del Señor
enriquece a una persona
y él no añade
ninguna tristeza.»
Proverbios 10:22

Rey Salomón

REFLEXIÓN 26

«Los planes bien pensados y el arduo trabajo llevan a la prosperidad, pero los atajos tomados a la carrera conducen a la pobreza.»
Proverbios 21:5 (NTV)

¿Has discutido alguna vez sobre dinero con tu cónyuge? Si ese es el caso, no estás solo. El dinero es una de las fuentes comunes de conflicto en la mayoría de los hogares. Las siguientes indicaciones te pueden ayudar a manejar tu dinero de una manera que pueda reforzar tu relación en vez de dañarla: Aprende las dos leyes básicas de la cosecha de dinero.

"Primero, si gastas más de lo que ganas, entonces cosecharás estrés financiero.

Segundo, si gastas menos de lo que ganas, entonces cosecharás paz financiera."

Es obvio cuál es la ley que debemos escoger para vivir. ¿Por qué escogen la inmensa mayoría vivir por la primera ley? Porque el estrés financiero se construye lentamente con el tiempo, mientras que la gratificación al gastar el dinero es inmediata. Muchas parejas no notan el aumento en el estrés hasta que su carga financiera los agobia. Las parejas deben decidir ejercitar juntos disciplina para salir de sus problemas financieros. Desafortunadamente, muchas parejas escogen culparse uno a otro, en vez de trabajar juntos para resolver sus problemas de dinero. Escojan como pareja qué ley financiera van a seguir. Anota la decisión en un papel y colócala en tu cartera.

TU REFLEXIÓN

....

....

....

....

....

....

....

....

....

finanzas

nombre femenino plural

1. Fortuna o capital de una persona. Conjunto de bienes de que dispone una persona, especialmente en forma de dinero.

"no lo compro porque mis finanzas no me lo permiten"

sinónimos: **fortuna, capital, riqueza, patrimonio.**

REFLEXIÓN 27

«Los que por pereza no aran en la temporada correspondiente no tendrán alimento en la cosecha.»
Proverbios 20:4 (NTV)

El dinero es una de las fuentes comunes de conflicto en la mayoría de los matrimonios.

Nuestro consejo es que aprendan en familia las leyes básicas del manejo del dinero. Qué mejor que estudiar los principios bíblicos referentes a las finanzas.

Invierte tiempo educándote acerca de cómo manejar tu dinero sabiamente. Un buen lugar para comenzar es leyendo el libro de los Proverbios. En nuestra casa nosotros seguimos las indicaciones que nos dejó el sabio Salomón en este libro, las cuales nos han ayudado a manejar nuestro dinero de una manera que refuerza nuestra relación en vez de dañarla.

¿Qué hemos aprendido del sabio Salomón? Que "el dinero mal habido pronto se acaba; pero quien ahorra, poco a poco se enriquece" (Proverbios 13:11)

Y en Proverbios 24:30-34, Salomón cuenta: "Pasé por el campo del perezoso. Y saqué una lección: Un corto sueño, una breve siesta, un pequeño descanso cruzado de brazos... ¡y te asaltará la pobreza como un bandido, y la escasez, como un hombre armado!" El ahorro y la diligencia en el trabajo son dos principios claves para el éxito financiero en nuestro hogar.

VERSÍCULOS Y FRASES PARA RECORDAR

REFLEXIÓN 28

«Así como el rico gobierna al pobre,
el que pide prestado es sirviente del que presta..»
Proverbios 22:7 (NTV)

Uno de los principios bíblicos referentes a las finanzas es el de no adquirir deudas. Y si las tienes, debes salir de ellas lo más pronto posible. Proverbios 22: 7 lo dice bien claro: "el que pide prestado, se hace esclavo del prestamista".

Nunca es demasiado tarde para hacer cambios que nos ayuden a salir de deudas y nos mantengan alejados de ellas una vez que estén canceladas. Entre más pronto comiences, mucho más dolor te evitarás. Los expertos nos aconsejan que comencemos pagando la deuda con el interés más alto y una vez que termines, utiliza el 100 % de ese dinero que ahora tienes disponible para pagar la próxima deuda con el interés más alto. Continúa este proceso hasta que estés libre de todas tus deudas.

Uno se puede endeudar de la noche a la mañana, pero el pagar deudas toma tiempo y perseverancia. Recuerda que el objetivo es tener paz financiera, la cual es más deseable que el estrés financiero. Decide hoy que no serás esclavo de nadie. Una de las cosas más satisfactorias que podemos hacer es salir de deudas. Decide estar libre de deudas, es la voluntad de Dios para tu vida. Si necesitas una guía, pídela y te la haremos llegar.

Hoy es día de
confesión

«Confiésense los pecados unos a otros y oren los
unos por los otros, para que sean sanados.
La oración ferviente de una persona justa tiene
mucho poder y da resultados maravillosos.»

Santiago 5:16 (NTV)

REFLEXIÓN 29

«Cuando la gente no acepta la dirección divina,
se desenfrena. Pero el que obedece la ley es alegre..»
Proverbios 29:18 (NTV)

A veces es difícil ponerse de acuerdo en cómo utilizar el dinero en el matrimonio. Cada uno de nosotros tenemos nuestra propia visión del dinero; aunque no esté escrita en ningún lugar ni la podamos colocar en palabras, nuestras acciones la muestran claramente. Algunos quieren guardar todo su dinero y otros sólo piensan en gastarlo.

Mateo 12:25– "Todo reino dividido contra sí mismo, es asolado, y toda ciudad o casa dividida contra sí misma, no permanecerá".

Estas palabras de Jesús nos muestran la importancia de ponernos de acuerdo en cualquier área que traiga conflicto al hogar y, en este caso, en nuestras decisiones financieras.

Un buen comienzo es el de ejercitarnos en percibir la diferencia entre un gasto debido a una necesidad y un gasto debido simplemente a un deseo. Una necesidad es una compra básica necesaria para continuar viviendo, todo lo demás son sólo deseos. Para disminuir el conflicto en esta área debemos decidir juntos en qué deseos usaremos el dinero que nos queda después de cumplir con los gastos que son necesarios para vivir. Pídele al Señor que te de una visión clara en el manejo del dinero.

Tu plan de acción

REFLEXIÓN 30

«Honra al Señor con tus riquezas
y con lo mejor de todo lo que produces.»
Proverbios 3:9 (NTV)

Tú y tu cónyuge necesitan estar de acuerdo en las decisiones financieras, y también necesitan estar dispuestos a afrontar las consecuencias de estas decisiones una vez que las toman; así que pídele a Dios sabiduría para manejar tu dinero.

Toma tiempo alcanzar paz financiera en el hogar porque todas nuestras decisiones necias del pasado también traen su propia cosecha.

Algunas pautas a seguir son: No te metas en malos negocios. En Proverbios leemos: "Mejor es poco con el temor a Dios que grande tesoro con problemas". Y también: "Mejor es lo poco con justicia que mucha ganancia con injusticia".

Sean generosos: "El que le da al pobre no le faltará nada"; y también dice: "El hombre generoso prosperará y aquél que refresca a otros será a su vez refrescado".

Ser diligente: "asegúrate de saber cómo están tus rebaños; cuida mucho de tus ovejas; pues las riquezas no son eternas. las ovejas te darán para el vestido. Tendrás leche de cabra en abundancia para que se alimenten tú y tu familia..." Y mi favorito: "no te afanes acumulando riquezas; no te obsesiones con ellas pues se van volando como las águilas". Recuerda: la meta es tener paz financiera en tu hogar.

Juntos podemos... (hacer esto)

....

....

....

....

....

....

....

....

....

....

....

....

«No gastes dinero por encima de tus posibilidades[...] Cuando tenemos cubiertas nuestras necesidades y tenemos suficiente para ayudar a aquellos que amamos, nuestra alma está en paz.»

José Valiente, *El poder transformador*

EJERCICIO EN PAREJA

Haz una lista de cosas refentes a las finanzas que pueden comenzar desde hoy.

Yo...

DECIDAN HACER ALGO POR SUS SUEÑOS

Tú...

EL TIEMPO

«Como si pudiéramos
"matar tiempo"
sin herir la eternidad.»

Henry Thoreau

REFLEXIÓN 31

«Así que tengan cuidado de cómo viven.
No vivan como necios sino como sabios. Saquen el mayor
provecho de cada oportunidad en estos días malos.»
Efesios 5:15-16 (NTV)

Una de las primeras preguntas que le hacemos a las parejas casadas que vienen a nosotros para pedir ayuda es cómo fue su tiempo de novios. Es muy importante saber cómo fue el comienzo de la relación. La respuesta que recibimos normalmente nos da más de una pista en lo que hoy puede ser una de las áreas de conflicto en la pareja.

Por ejemplo, mira atrás y recuerda cuánto tiempo gastabas nutriendo tu relación cuando tú y tu cónyuge eran sólo novios. Estoy segura que casi todas las cosas perdían prioridad cuando se trataba de pasar tiempo con tu futuro esposo. No es por casualidad que tu relación con quien en aquel entonces era tu novio, creció rápidamente.

El tiempo va pasando y comenzamos a gastar menos tiempo de calidad juntos, desnutriendo nuestra relación. Esto a veces ocurre por la necesidad que tenemos en otras áreas de nuestras vidas, que demandan nuestra atención.

Sin embargo, las relaciones son como las plantas. Se les puede descuidar por un rato, pero si las abandonas por mucho tiempo comenzarán a morirse. Pasar tiempo de calidad juntos es una de las claves para un matrimonio saludable.

Tu Reflexión

....
....
....
....
....
....
....
....
....

tiempo

nombre masculino

1. Período determinado durante el que se realiza una acción o se desarrolla un acontecimiento. Período de tiempo del que se dispone para hacer algo.

"perder el tiempo; ahora tiene tiempo para dedicarse a sus niños"

sinónimos: **período, ocasión, momento, temporada, duración.**

REFLEXIÓN 32

*«Como a los que cuidan de la higuera se les permite
comer del fruto, así serán recompensados los empleados
que protegen los intereses de su patrón..»*
Proverbios 27:18 (NTV)

Las relaciones son como las plantas. Se les puede descuidar por un rato pero si las abandonas por mucho tiempo, comenzarán a morirse.

Entre más tiempo descuidemos las plantas y las relaciones, tomará más tiempo y esfuerzo revivirlas.

La mejor manera de nutrir las plantas, y también las relaciones, es darles aquello que ellas necesitan para permanecer saludables.

Los matrimonios fuertes se consiguen pasando tiempo juntos, riendo juntos, jugando juntos. Así que si no tienes la costumbre de tener citas con tu pareja, ¡planéalas ya!

Pasar tiempo juntos debe ser tu prioridad. Dile no más a menudo a otras ocupaciones, actividades sociales con otros, trabajo extra o de voluntario, reuniones. Y dile sí más a menudo a realizar actividades sólo con tu pareja.

En el mundo agitado que vivimos hoy, el dar de nuestro tiempo a nuestros seres queridos es un desafío enorme. Pasar tiempo con el cónyuge no es sentarse a su lado en frente del televisor. Pasar tiempo de calidad juntos es darle a tu cónyuge tu tiempo. Cuida de tu relación matrimonial y disfrutarás de los frutos de tu esfuerzo.

VERSÍCULOS Y FRASES PARA RECORDAR

REFLEXIÓN 33

«Así que no nos cansemos de hacer el bien.
A su debido tiempo, cosecharemos numerosas bendiciones
si no nos damos por vencidos.»
Gálatas 6:9 (NTV)

Hoy es día de confesión. Yo confieso que para mí es muy fácil decirle que sí a muchas actividades, al trabajo extra a las reuniones sociales, al trabajo en la iglesia y muchas veces me siento agotada y sin tiempo de calidad para dedicarle a mi esposo. A pesar de que tenemos el buen hábito de salir juntos solos y de tener citas, muchas veces me siento que no lo planeé como es debido, no tomé el tiempo para meditar en qué cosas hacer cuando estamos juntos, que nos lleven a promover una comunicación abierta, de escuchar el punto de vista del otro en un ambiente de intimidad y confianza. Si estoy agotada cuando salimos juntos, realmente lo que le estoy dando a mi esposo son las sobras de mi tiempo y no la prioridad que nuestra relación merece.

La verdad es que tampoco soy muy buena con las plantas, mis pobres plantas esperan desesperadas el agua y el cuidado que necesitan, y tengo que confesar también que muchas se me han muerto.

Yo te invito a que coloquemos la nutrición de nuestra relación matrimonial bien arriba en la lista de nuestras prioridades diarias.

Hoy es día de confesión

«Confiésense los pecados unos a otros y oren los unos por los otros, para que sean sanados. La oración ferviente de una persona justa tiene mucho poder y da resultados maravillosos.»

Santiago 5:16 (NTV)

REFLEXIÓN 34

«Tiempo de plantar... tiempo de reír...
tiempo de bailar... tiempo de abrazar.»
Eclesiastés 3 (NTV)

Hoy es día de acción. Hemos estudiado que el pasar tiempo de calidad juntos es una de las claves para un matrimonio saludable. Y que si como las plantas necesitan nutrirse, las relaciones también necesitan de tiempo y cuidado para permanecer saludables.

Pero ¿qué podemos hacer para encontrar el tiempo que precisamos para dedicárselo exclusivamente a nuestro cónyuge?

Déjame darte unas cuantas sugerencias: escribe las cosas en las que normalmente te ocupas durante el día, luego lee la lista y pregúntate: "¿puedo sacrificar esta actividad y usar este tiempo para fortalecer mi relación matrimonial?" Creo que te sorprenderá cuánto tiempo vas a encontrar. Ahora, mira la lista de nuevo y piensa en qué cambios puedes efectuar en determinada actividad de tal manera que pueda ser un agente de nutrición, al tiempo en que efectúas la actividad.

También, revisa las actividades que los dos hacen todos los días y coordinen sus agendas para que las puedan hacer juntos. Por ejemplo, los dos tienen que comer y tomar un baño. Debemos también planear bien el tiempo para hacer el amor, para caminar en la playa o en el vecindario, para retomar una actividad que los dos disfrutan. Usa esos momentos comunes para nutrir tu relación.

Tu plan de acción

REFLEXIÓN 35

«Hay una temporada para todo,
un tiempo para cada actividad bajo el cielo.»
Eclesiastés 3:1 (NTV)

Incrementar la cantidad de tiempo que pasamos juntos con nuestro esposo (a) es importante; pero para recibir un beneficio mayor también necesitamos incrementar la calidad del tiempo.

Una de las maneras de lograr esto es escoger actividades que te permitan interactuar con tu cónyuge. Salir a cenar es una buena actividad. Dicen los científicos que normalmente a los hombres les gusta hablar cuando se sientan de lado y a las mujeres nos gusta cuando nos miramos de frente; así que escojan un restaurante un poco retirado de la casa, así van conversando en el camino de la manera que a él le agrada y cuando lleguen al restaurante, ella se sentirá cómoda para una conversación íntima.

Aunque no lo parezca a primera vista, pasar tiempo juntos como pareja es bueno para nuestros hijos. Un matrimonio feliz es la mejor plataforma para una familia feliz. Cuando los hijos ven a sus padres comprometidos el uno con el otro y sienten el amor entre el padre y la madre, ellos van a buscar esta clase de relación cuando llegue su tiempo.

Enfócate en tu relación matrimonial y pregúntate si tus hijos están viendo el amor que los dos se tienen.

Juntos podemos... (hacer esto)

....

....

....

....

....

....

....

....

....

....

«Aunque la cantidad del tiempo también es importante, quiero recalcar que la calidad es mucho más valiosa[...] Tal vez estuvieron catorce horas juntos, pero en realidad no compartieron sus ideas, preocupaciones o ni siquiera se dieron un abrazo durante todo el día.»

Dra. Isabel Alacán, *Familias transformadas*

EJERCICIO EN PAREJA

¿Cuáles son sus canciones románticas
preferidas o las frases de una película de amor
que los inspira o define?

Tiempo de novios...

LA CANCIÓN
QUE TE DEDICO HOY

AMOR ÁGAPE

«Al ser tocados por el amor
todos nos convertimos en poetas.»

Platón

REFLEXIÓN 36

«No hay un amor más grande
que el dar la vida por los amigos.»
Juan 15:13 (NTV)

Dos semanas antes de nuestra ceremonia de matrimonio, mi novio y yo nos sentamos a cenar con mis padres y mis suegros. Mientras compartíamos juntos, mi padre que siempre iba al punto nos preguntó: "¿Por qué ustedes piensan que su matrimonio va a durar?" Mi novio y yo nos miramos el uno al otro y contestamos como pudimos en ese momento.

Mi padre nos exhortó en algo que hoy tiene más sentido que hace quince años: el amor romántico que tal vez nos unió como pareja no iba a ser suficiente para sostenernos a través de los huracanes de la vida y de las tormentas que todo matrimonio tiene que pasar.

El amor romántico es muy importante y no debe ser descuidado en nuestras relaciones conyugales, pero más importante es desarrollar el tipo de amor que la Biblia llama amor ágape. *Ágape* es una palabra griega que define el amor como el darse a sí mismo sin esperar nada a cambio. Este amor Sólo puede venir de Dios, Él es la fuente de este amor.

Para poder permanecer firmes ante los vientos de la adversidad, debemos desarrollar un amor más profundo. solo este amor ágape te ayudará a lograr tu sueño de tener un matrimonio feliz y saludable para toda la vida.

TU REFLEXIÓN

....

....

....

....

....

....

....

....

amor

nombre masculino

1. Sentimiento de vivo afecto e inclinación hacia una persona o cosa a la que se le desea todo lo bueno.

"el amor al prójimo; abrazó al bebé con gran amor"

sinónimos: **afecto, apego, veneración.**

REFLEXIÓN 37

«Ámense unos a otros con un afecto genuino y deléitense
al honrarse mutuamente.»
Romanos 12:10 (NTV)

Expresar amor ágape, el amor de Dios, es un desafío para aquellos que se han acostumbrado a dar sólo cuando reciben algo a cambio. Cuando damos algo a nuestro cónyuge y esperamos recibir algo a cambio dos cosas terribles acontecen: primero, el valor de lo que hemos hecho disminuye; y segundo, esa actitud nos lleva al resentimiento si estamos esperando y no recibimos nada a cambio.

El amor ágape es un amor que no está basado en incentivos personales. Vencer la tendencia natural de esperar algo a cambio puede ser difícil, pero es posible. Lograr este cambio de actitud es una de las llaves para abrir las puertas al gozo y disminuir la desdicha que tal vez estemos experimentando en nuestros matrimonios.

¿Cómo se puede desarrollar y alimentar el amor ágape en tu matrimonio?

El primer paso es identificar los obstáculos que nos alejan de poder desarrollar y alimentar esa clase de amor, y luego desarrollar e implementar un plan para vencer estos obstáculos. Tu cónyuge al principio puede que vea tus esfuerzos en expresar amor ágape con escepticismo. Pero sé paciente y mantente firme en tus expresiones de amor. Eventualmente, tu cónyuge comenzará a tratarte de la misma manera.

VERSÍCULOS Y FRASES
PARA RECORDAR

REFLEXIÓN 38

«El amor perfecto echa fuera el temor.»
1 Juan 4:18 (NTV)

Hoy es día de confesión: "amor es escoger el bienestar más sublime para el otro". Estas fueron las palabras que se escogieron para decorar nuestra cena de matrimonio. Fue un mensaje que Dios nos envió a través de una mujer ya mayor, que tuvo un sueño sobre el día de nuestra boda y Dios le dio el mensaje para colocar en la pared. Ella también nos dijo que decoraría toda la boda gratisporque así Dios se lo había pedido. Todavía recuerdo la pancarta y no sabía yo la importancia de esas palabras para nuestra vida. Yo confieso que no siempre he escogido el bienestar más sublime para mi esposo. No siempre he permitido que el amor de Dios se manifieste en nuestro matrimonio.

Como todas las cosas buenas en la vida, hay cierta medida de riesgo. Cuando expresamos amor ágape nos ponemos en una situación vulnerable de la cual es fácil salir heridos. Este temor ha paralizado a muchos en sus intentos de expresar completamente el amor ágape a su cónyuge. Un deportista dijo una vez que uno pierde el 100 % de los goles que no intenta meter. Si quieres un matrimonio feliz y sano, tú no quieres perder la oportunidad de meter un gol.

Tu próximo paso es hacer una lista de las cosas que tú puedes dar de ti mismo. No pienses sólo en las cosas grandes, sino también incluye más que todo cosas pequeñas, como el dejar una nota en el espejo, hacer alguno de los quehaceres de la casa, o llenarle el carro con gasolina. Piensa en cosas que tú puedes decir y hacer que le hagan saber a tu esposo (a) que tú le amas. Decídete hoy por el bien.

Hoy es día de confesión

«Confiésense los pecados unos a otros y oren los unos por los otros, para que sean sanados. La oración ferviente de una persona justa tiene mucho poder y da resultados maravillosos.»

Santiago 5:16 (NTV)

REFLEXIÓN 39

«El fruto del Espíritu es amor, alegría, paz, paciencia,
gentileza, bondad, fidelidad,»
Gálatas 5:22 (NTV)

El amor ágape sólo se logra a través del Espíritu Santo y su trabajo en nosotros. Alcanzar expresarlo a nuestro cónyuge debe ser nuestra meta constante.

El amor ágape habla acerca de nuestro comportamiento hacia nuestro cónyuge, esto significa que no es definido por sentimientos, sino por acciones. Yo te invito a que escribas cuatro cosas que tú puedes hacer para expresar amor a tu cónyuge. Cada mañana toma dos minutos para revisar tu lista añade otras ideas y selecciona cuál vas a utilizar ese día para expresar tu amor.

El paso más importante es que sigas el plan fielmente. Los mejores planes para fortalecer un matrimonio no sirven de nada si nunca los llevamos a cabo.

La idea es que desarrolles un hábito de por vida y que continúes añadiendo a tu lista y realices una acción diaria. Tú puedes lograr tu sueño de tener un matrimonio feliz y saludable de por vida si te enfocas en cómo llenar las necesidades de tu cónyuge de la manera que sólo tú puedes hacerlo. Pero también no esperando que tu cónyuge llene todas las expectativas que tú te haz hecho y que tal vez sólo Dios, que es perfecto, puede y quiere llenar.

Tu plan de acción

REFLEXIÓN 40

«Maridos, eso significa: ame cada uno a su esposa tal como Cristo amó a la iglesia. Él entregó su vida por ella... Cada hombre debe amar a su esposa como se ama a sí mismo, y la esposa debe respetar a su marido.»
Efesios 5:25-33 (NTV)

Amor es escoger dar entre todo lo bueno lo mejor para el otro. Jesús nos amó así. Él hubiera podido escoger enseñarnos desde el cielo, pero escogió venir a la tierra. Y hubiera podido venir a la tierra simplemente a enseñarnos, a hablarnos de cómo vivir, pero además decidió morir para darnos vida. El conjunto de dolores que Jesús sufrió en su camino al calvario y en la cruz es llamado hoy la pasión de Cristo.

El dolor muestra Su pasión; su pasión muestra Su amor. ese amor es el que define la Biblia como amor ágape. ¿Cómo entonces podemos nosotros seres humanos egoístas pretender o aspirar a sentir ese amor? La historia de la cruz no termina en la tumba continúa con la resurrección. El Espíritu de Dios viene a morar en nosotros el día que somos llamados a ser hijos de Dios y es ese Espíritu el que puede resucitar cualquier relación, por muy muerta que parezca.

El amor es escoger entre todo lo bueno que tenemos, lo mejor para nuestro cónyuge. Lo mejor que tú y yo tenemos es el Espíritu de Dios y la fuerza de su amor.

Juntos podemos... (hacer esto)

....

....

....

....

....

....

....

....

....

....

....

«Creo que todo cristiano debe querer leer las Sagradas Escrituras para encontrar en ellas el amor del Padre y aprender a vivir como hijos de Dios.»

Rebeca Segebre, *Una Nueva Vida*

EJERCICIO EN PAREJA

Escribe un poema que comience así:
"Cuando amas, (se siente asi) _____

Mi ejemplo:

"Cuando amas, quieres pasar todo el tiempo junto a tu amor, jugando o simplemente descansando a su lado".

Él...

Ella...

NUESTRO POEMA DE AMOR

LA ORACIÓN

«Ora como si todo dependiera
de Dios. Trabaja como si todo
dependiera de ti.»

San A gustín

REFLEXIÓN 41

«Dedíquense a la oración con una mente alerta y
un corazón agradecido..»
Colosenses 4:2 (NTV)

El apóstol Pablo insiste en la importancia de la oración, cuando nos exhorta: "oren sin cesar" (1 Tesalonicenses 5:17) y también "Dedíquense a la oración: perseveren en ella con agradecimiento" (Colosenses 4:2)

Yo creo que la mayoría de nosotros entendemos que nuestra vida de oración individual es importante, pero hoy yo te estoy animando a que tú y tu cónyuge tomen tiempo para orar juntos a Dios.

¿Cómo puede el simple acto de orar juntos tener un impacto benéfico en tu matrimonio?

Simple, pensemos en lo que ocurre cuando una pareja ora junta. Usualmente se tomarán de sus manos o se arrodillarán el uno al lado del otro. Esto crea un sentido de cercanía física. Mientras que un cónyuge ofrece la oración, el otro cónyuge tiene la oportunidad de escuchar las peticiones (que revelan las preocupaciones y problemas personales) y también las cosas por las que su cónyuge le da gracias a Dios. Este proceso crea una intimidad emocional donde los sentimientos son expresados, y que tal vez de otra manera no podrían ser escuchados. Este es sólo un ejemplo de los beneficios de la oración en pareja. Las parejas que oran juntas, se mantienen juntas.

Tu Reflexión

....

....

....

....

....

....

....

....

orar

verbo intransitivo

1. Ponerse [una persona] mental y anímicamente ante la presencia de Dios... para dar gracias o pedir algún favor, o simplemente en actitud contemplativa.

"cuando Jesús enseña a orar a sus discípulos dice: "vosotros, pues, orad así: Padre nuestro..."; oraba para encontrar la paz dentro de su alma y fuerzas para proseguir"

sinónimos: **hablar, pedir, rogar, suplicar, implorar.**

REFLEXIÓN 42

«Pues donde se reúnen dos o tres en mi nombre,
yo estoy allí entre ellos.»
Mateo 18:20 (NTV)

Se dice que las parejas que oran juntas, se mantienen juntas; y es que el simple acto de orar en pareja trae muchos beneficios incluyendo la cercanía física y la intimidad emocional.

Sin embargo, la verdadera fuerza de la oración en pareja viene del acto de abrir la puerta de tu relación matrimonial a la influencia de nuestro Dios Todopoderoso. Nuestro Dios puede sanar las heridas de tu relación matrimonial que tal vez tú haz intentado resolver por muchos medios y no se han podido curar por sí mismas.

Nuestro Dios Todopoderoso puede inspirarte, animarte y guiarte con soluciones en los conflictos matrimoniales que estás atravesando. Es nuestro Dios Todopoderoso el que puede llevarnos a una unidad como pareja que trasciende cualquier esfuerzo humano.

Es sólo Dios el que puede darnos, a través de la oración y comunión con Él, los tres valores esenciales para atravesar cualquier situación. Estos son: fe, esperanza y su amor. Con todos estos beneficios de la oración, ¿por qué más parejas no oran juntos? Yo te invito a que comiences hoy.

VERSÍCULOS Y FRASES PARA RECORDAR

REFLEXIÓN 43

«Nunca dejen de orar.»
1 Tesalonicenses 5:17 (NTV)

Con todos los beneficios que nos trae la oración, todas las parejas deberían adquirir el buen hábito de orar juntas.

Yo sé que algunos de ustedes quisieran comenzar, pero tienen miedo de que su cónyuge diga que no, y que tal vez se burle. Muchas veces el miedo nos paraliza de tomar una acción importante en nuestras vidas.

Si esto describe tu situación, entonces te animo a que dejes el miedo a un lado y no dejes que el tener miedo determine tus acciones. Explícale a tu cónyuge cuánto significaría para ti que él o ella se uniera a orar contigo.

Yo he descubierto que se hace más fácil comenzar el hábito de orar juntos si tenemos una guía sencilla como modelo inicial y tal vez esto también ayude a que tu cónyuge acepte tu invitación.

Algunas parejas no oran juntas simplemente porque no saben cómo. Hacer una oración sincera es un proceso simple. Cuando ores, expresa con tus propias palabras tus esperanzas, deseos, temores y necesidades, junto con expresiones de gratitud a Dios. Este es un buen modelo y un buen comienzo para la oración en pareja.

Hoy es día de
confesión

«Confiésense los pecados unos a otros y oren los
unos por los otros, para que sean sanados.
La oración ferviente de una persona justa tiene
mucho poder y da resultados maravillosos.»

Santiago 5:16 (NTV)

REFLEXIÓN 44

«Alégrense por la esperanza segura que tenemos.
Tengan paciencia en las dificultades y sigan orando.»
Romanos 12:12 (NTV)

Establecer una hora regular para orar juntos como pareja es muy importante. El impacto de la oración en nuestra vida se acrecienta cuando hacemos de la oración un hábito diario. Sin embargo, la hora más importante para orar juntos es cuando tú no tienes ganas.

Cuando estamos enojados con nuestro cónyuge, la última cosa que queremos hacer es orar juntos. Sin embargo, es allí cuando más la fuerza de la oración en e nos puede beneficiar. Si no pueden sentarse juntos a orar cuando están enojados, yo les animo a que oren a solas. Mi invitación es a que levantes tu cónyuge en oración para bendición; que también le lleves al Señor tus preocupaciones, tus cargas, tu sufrimiento, y que le pidas que te revele cómo tú también aportas al problema, para que así puedas comenzar un cambio en tus actitudes. Al final cambiarán tus acciones y éstas serán de inspiración para tu cónyuge.

La próxima vez que te sientas enojado, decide orar y tu respuesta será más blanda. La oración es un conector divino que crea lazos y disuelve barreras.

Tu plan de acción

REFLEXIÓN 45

«Velen y oren para que no cedan ante la tentación, porque el espíritu está dispuesto, pero el cuerpo es débil.»
Mateo 26:41 (NTV)

Hoy es día de acción: la oración en pareja nos une en todas las áreas. al sentarnos juntos a orar estamos físicamente más cerca. cuando expresamos nuestros sentimientos y pensamientos en nuestras oraciones al lado de nuestro cónyuge, estamos ayudando a desarrollar nuestra intimidad emocional; y como nuestra oración es hablar con nuestro Dios Todopoderoso, entonces, Él nos da la fuerza de su poder transformador a través de su Espíritu. La oración nos conecta a Dios y a nuestro cónyuge.

Yo te invito a que escribas los obstáculos que tú piensas son los que te impiden orar con tu cónyuge de una forma regular. Cuando tengas un momento libre, o tal vez en tu momento de devoción, ora al Señor y pídele que te guíe para vencer estos obstáculos.

Recuerda: siempre levanta a tu cónyuge en oración. Escribe dos cosas que tu cónyuge necesita y agrégalas a tus oraciones personales. Cuando oramos, entramos en una esfera de relación con la persona por la que oramos que requiere que nos elevemos a un nivel de casi preocupación o compasión por aquella persona. Génesis 25:21 dice que Isaac oró al señor en favor de su esposa y el Señor oyó su oración. El orar juntos tiene el poder de acercarnos más como parejas que cualquier otra práctica.

Si necesitas una guía de oración llámanos y te la haremos llegar.

Juntos podemos... (hacer esto)

....

....

....

....

....

....

....

....

....

....

....

«La oración es dinámica en su trabajo. La oración no es un acto pasivo. Lo mejor es hacer una integración natural de la oración en tu vida cotidiana[...] Lo más importante es que la oración a Dios incrementa nuestra intimidad con Él.»

Rebeca Segebre, *Mi vida: Un jardín*

EJERCICIO EN PAREJA

Escribe palabras de afirmación en forma de oración que demuestren tu amor y aprecio hacia tu pareja.

Ella: Gracias, Señor, por...

El: Gracias, Señor, por...

NUESTRA ORACIÓN EN PAREJA

LA PERSEVERANCIA

«Un poco más de persistencia,
un poco más de esfuerzo,
y lo que pareciera ser un
desesperado fracaso podría
tornarse en un glorioso éxito.»

Elbert Hubbard

REFLEXIÓN 4(

«*Una casa se edifica con sabiduría y se fortalece por medio del buen juicio. Mediante el conocimiento se llenan sus cuartos de toda clase de riquezas y objetos valiosos.*»
Proverbios 24:3-4 (NTV)

¿A quién de nosotros no le gustaría ver las habitaciones de nuestro hogar llenas de un ambiente agradable y precioso?

La Biblia nos dice que para edificar nuestro hogar necesitamos obtener tres cosas: sabiduría, prudencia y ciencia, que es lo mismo que instrucción. Si estás teniendo problemas en tu hogar, pídele a Dios sabiduría, maneja la situación con prudencia y busca instrucción en el área en que tienes dificultades. Las habilidades para relacionarnos con nuestra pareja se pueden aprender.

Cuando Jesús termino el sermón del monte, les dijo a sus discípulos: "Por tanto, todo el que me oye estas palabras y las pone en práctica es como un hombre prudente que construyó su casa sobre la roca. cayeron las lluvias, crecieron los ríos, y soplaron los vientos y azotaron aquella casa; con todo, la casa no se derrumbó porque estaba cimentada sobre la roca" (Mateo 7:24-25).

Pero como todo, ¿qué pasaría si compraras un paquete de semillas y nunca las plantaras? ¿Qué pasaría si tú plantas las semillas y luego las descuidas? Así como las semillas, las habilidades para relacionarnos y el conocimiento que adquieras no te ayudarán al crecimiento en tu matrimonio hasta que las apliques y persistas en ellas. La diferencia entre aquellos que alcanzan sus metas y aquellos que no las alcanzan es la perseverancia.

Tu Reflexión

....

....

....

....

....

....

....

....

perseverar

verbo intransitivo

1. Mantenerse firme y constante en una manera de ser o de obrar.

"solamente si perseveras conseguirás triunfar, no te rindas tan pronto; es conveniente resaltar sus logros, porque de ese modo se les estimula a perseverar en el esfuerzo"

sinónimos: **persistir, permanecer, mantenerse.**

REFLEXIÓN 47

«Amados hermanos, cuando tengan que enfrentar cualquier tipo de problemas, considérenlo como un tiempo para alegrarse mucho porque ustedes saben que, siempre que se pone a prueba la fe, la constancia tiene una oportunidad para desarrollarse. Así que dejen que crezca, pues una vez que su constancia se haya desarrollado plenamente, serán perfectos y completos, y no les faltará nada.»
Santiago 1:2-4 (NTV)

¿Qué tan seguido has aprendido acerca de un cambio que podría mejorar tu vida pero nunca hiciste el cambio? ¿Tal vez comenzaste a hacer el cambio, pero fallaste en permanecer en este nuevo hábito el tiempo suficiente para recibir todos los beneficios? Para la mayoría de las personas, esto sucede más seguido que de lo que se preocupan en admitirlo.

Nuestra tendencia natural es tomar el camino de la menor resistencia. Esto significa no perder el tiempo y esfuerzos haciendo cambios positivos que mejorarían nuestras vidas, sino más bien continuar con nuestros hábitos de siempre. ¿Por qué algunas personas son capaces de vencer esta tendencia y otras no?

La diferencia entre aquellos que alcanzan sus metas y aquellos que no las alcanzan es la persistencia; la persistencia en este caso, en lo que han aprendido, es benéfica para sus matrimonios. Dicen que sólo un loco sigue haciendo lo mismo y espera recibir resultados diferentes. Yo te invito hoy a que aprendas una nueva habilidad en la forma de relacionarte con tu cónyuge, decide ponerla en práctica y persevera hasta alcanzar el cambio.

VERSÍCULOS Y FRASES PARA RECORDAR

REFLEXIÓN 48

«Y las semillas que cayeron en la buena tierra representan a las personas sinceras, de buen corazón, que oyen la palabra de Dios, se aferran a ella y con paciencia producen una cosecha enorme.»
Lucas 8:15 (NTV)

¿Por qué algunas parejas son capaces de formar matrimonios sanos mientras que muchas otras parejas no lo consiguen?

Todas las parejas encuentran obstáculos en sus matrimonios. Aquellas que persisten en hacer las cosas que refuerzan sus matrimonios son las parejas que triunfan en mantener matrimonios sanos.

¿Cómo se desarrolla este tipo de persistencia? Para contestar esta pregunta, debemos primero entender qué es lo que refuerza la persistencia en las personas. La persistencia es como un motor y la motivación es el combustible.

Tú puedes encontrar la motivación que le de fuerza a tu motor de dos maneras: las influencias alrededor tuyo o la fuerza del Espíritu Santo dentro de ti. La Biblia dice que el fruto del Espíritu Santo es amor, pero también es dominio propio. Estos dos frutos del Espíritu son los que tú necesitas accionar en tu matrimonio cuando quieres ver cambios. El dominio propio es mucho más que lo que la gente llama fuerza de voluntad, el dominio propio requiere tener tu voluntad doblegada al control del Espíritu de Dios. Si tú eres un hijo de Dios entonces la respuesta está dentro de ti, donde el Espíritu de Dios, también habita. Tú tienes la fuerza para persistir en la instrucción que has recibido y que tú sabes que harán el cambio en ti y en tu matrimonio. Comienza hoy.

Hoy es día de
confesión

«Confiésense los pecados unos a otros y oren los
unos por los otros, para que sean sanados.
La oración ferviente de una persona justa tiene
mucho poder y da resultados maravillosos.»

Santiago 5:16 (NTV)

REFLEXIÓN 49

«Y la resistencia desarrolla firmeza de carácter, y el carácter
fortalece nuestra esperanza segura de salvación.»
Romanos 5:4 (NTV)

Ralph Waldo Emerson, escribió: "Cuando persistimos en algo, llega a ser mas fácil para nosotros hacerlo; no es que la naturaleza de la cosa en si misma haya cambiado, sino que nuestra fuerza para hacerlo se ha incrementado."

Las personas que mantienen cambios positivos es porque le ponen persistencia a sus motores con el combustible de la motivación que viene del amor y del dominio propio.

Si tú quieres un matrimonio sano, también necesitas tener un plan. Si vives en la ciudad de Miami y quieres visitar el Gran Cañón, puedes subirte en tu carro y manejar hasta que llegues a tu destino. Pero es probable que desperdicies mucho tiempo y dinero. ¿Por qué? Porque no hiciste un plan para el viaje antes de comenzar a manejar.

Tan simple como esto parezca, muchas parejas hacen esto cuando se casan. Ellas pagan muchos miles de dólares y gastan cientos de horas haciendo preparativos para la boda, pero hacen muy poco para aprender cómo formar y sostener un matrimonio sano. Tal vez, tú no tienes problemas en ser persistente, sino que no sabes qué camino tomar para llegar a tu meta de mantener un matrimonio sano. Mi consejo es que busques instrucción ya sea en tu iglesia o en tu comunidad.

Tu plan de acción

REFLEXIÓN 5(

«Los justos siguen avanzando,
y los de manos limpias se vuelven cada vez más fuertes.»
Job 17:9 (NTV)

No importa dónde estés en tu viaje matrimonial, tomar el tiempo para aprender las habilidades y el conocimiento básico de cómo relacionarte, aumentará significativamente tus oportunidades para un viaje más feliz.

Ningún matrimonio es sano todo el tiempo; sin embargo, hay matrimonios que son sanos la mayor parte del tiempo.

Cuando notes que tu matrimonio no está sano, pregúntate: "¿qué puedo hacer para ayudar a que mi matrimonio vuelva a ser sano otra vez?" luego, haz un compromiso de persistir y no te rindas cuando la situación se ponga difícil.

Nunca esperes que tu cónyuge tome el primer paso para sanar tu matrimonio. ¡Haz lo que necesitas hacer y hazlo ahora mismo!

Mientras más pronto te pongas en la acción y apliques lo que has aprendido, más pronto tu matrimonio puede sanar. En esencia, el amor y la fuerza de voluntad llegan a ser fuentes perpetuas de combustible. Hay algunas cosas que nunca debes tolerar en tu matrimonio. La violencia doméstica es una de ellas. Si eres víctima de violencia doméstica, por favor, contacta a un profesional inmediatamente.

Juntos podemos... (hacer esto)

....

....

....

....

....

....

....

....

....

....

....

«La sabiduría hace que busquemos la voluntad de Dios. Nos hace entender que el exito esta en lograr metas para la cuales fuiste originalmente creado por Dios para alcanzar. La sabiduría hace que busquemos su dirección y perseveremos.»

Rebeca Segebre, *Las 7 virtudes del éxito*

EJERCICIO EN PAREJA

Describe la manera como ven su futuro juntos. (Utiliza fotografías, gráficos, calcomanías y palabras si fuese necesario).

NUESTRO FUTURO JUNTOS

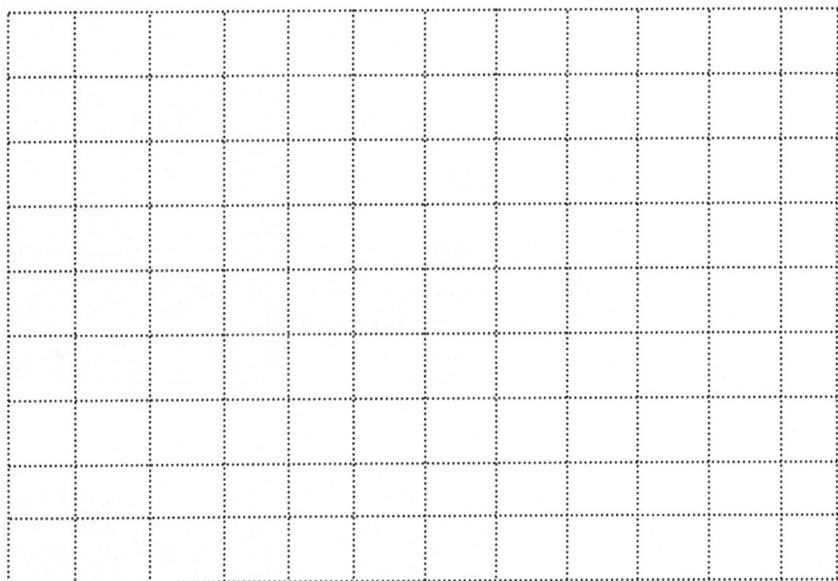

Amo lo que somos juntos.
Y agradezco porque a tu lado he aprendido
a conocer y a amar quien soy.

Epílogo

El secreto de la felicidad personal

Billy Graham, en su libro *El secreto de la felicidad*, nos dice que lo primero que necesitamos para ser felices es reconocer nuestra pobreza espiritual. Esto es lo que Jesús enseñó en el sermón del monte cuando nos dio las bienaventuranzas. Una vez que reconocemos nuestra pobreza espiritual, debemos asegurarnos de haber recibido a Cristo.

He querido finalizar este pequeño libro devocional, dándote la oportunidad de hacerte un auto examen en la quietud y privacidad de tu casa, para que te asegures que has confiado en Cristo para la eternidad. Qué mejor que dejar que las palabras de Billy Graham hagan el trabajo aquí:

"Reconoced que no son los credos, la educación, ni la respetabilidad lo que nos salva. Es Jesucristo." La Biblia dice: "Mas a todos los que le recibieron, les dio potestad de ser hechos hijos de Dios, a los que creen en su nombre" (Juan 1:12).

El saber acerca de Cristo no es suficiente. El estar convencido de que el es el Salvador del mundo, no es suficiente. Vosotros de hecho no sois cristianos hasta haberle confiado vuestra vida, recibiéndolo como Salvador personal.

La mejor manera de demostrar que tenemos confianza en tal o cual banco, es depositando allí nuestro dinero. La mejor forma de demostrar que tenemos fe en el doctor, es el confiarle el cuidado de nuestro cuerpo. El mejor modo de demostrar nuestra confianza en cualquier embarcación, es embarcándonos. El mejor procedimiento de testimoniar nuestra fe en Cristo, será confiar en Él, recibiéndolo incondicionalmente como nuestro Salvador.

Te invito a que confíes hoy en Cristo.

ACERCA DE LA AUTORA

Rebeca Segebre es ingeniera de sistemas, maestra de la Biblia, graduada en teología, conferencista y prolífica escritora, reconocida en el mundo hispano por su trabajo con la mujer, huérfanos y la adopción.

Ella ha escrito más de nueve libros inspiracionales, incluyendo: *Un minuto con Dios*, *El Milagro de la adopción*, *Confesiones de una mujer desesperada* y muchos otros.

Ella también produce cientos de enseñanzas en audio y video. El programa de radio *Vive 360 con Rebeca Segebre* se transmite por cientos de emisoras y repetidoras en todo América Latina, Europa y Estados Unidos.

En diferentes temporadas del año, ella realiza viajes misioneros, apoyando a organizaciones locales e internacionales en su labor de impacto y transformación social. Con la campaña **Deja tu huella**, un movimiento cuyo propósito es crear conciencia e inspiración a la acción social a todos.

En el área empresarial, Rebeca se ha destacado como gerente de proyectos para empresas americanas.

Dirige el ministerio Vive 360 con Rebeca Segebre, una organización que provee recursos de inspiración y reflexión para el diario vivir.

Para más información, recursos y eventos visita:
www.Vive360.org
www.RebecaSegebre.org
rebecasegebre@gmail.com

El plan divino

TODOS HEMOS SIDO CREADOS CON UN PLAN DIVINO

He entendido que Dios tiene un plan divino para mi vida y que necesito tener una actitud positiva para encontrarlo y alinearme al mismo.

Definitivamente, he entendido que la peor consecuencia de las actitudes negativas es atrasar el plan divino en mi vida. Te invito a que abras tu corazón y mente para comenzar tu transformación. Hazlo con fe y esperando un cambio maravilloso en tu vida.

Tengo un programa de 21 días de inspiración y reflexión, al cual he titulado *El Plan Divino.* Este programa puede ser utilizado por emprendedores, dueños de negocios y ejecutivos, estudiantes, líderes de grupo, escritores, padres de familia y todo aquel que desee cambiar positivamente el rumbo a su vida.

Estos son los beneficios que lograrás con el programa *El plan divino*, 21 Días de Inspiración y Reflexión:

- Verás lo fácil que es crear un plan completo y transformar tu vida de adentro hacia afuera.

- Cada vez que escuches estos audios tendrás la sensación de tenerme a mí como tu mentor virtual, acompañándote paso a paso para trabajar de manera práctica en tus sueños y llevarlos de visión a pasos específicos de acción.

- Descubrirás "La sal de tu vida", un método inédito y revelado poco a poco en la secuencia de los audios que te guiarán a trascender dejando un legado para tu familia y la humanidad.

¿Quiéres saber cómo funciona? Visita:

www.Vive360.org

RECURSOS RECOMENDADOS

Tengo varios recursos disponibles que te ayudarán a aprender y crecer en tu vida nueva. Puedes solicitar un catálogo de recursos y se te enviará uno de forma gratuita. Yo también recomiendo que solicites nuestra revista gratuita *Vive a Plenitud*.

Recomiendo mucho mi libro: *Mi Vida Un Jardín*. También: *Confesiones de una mujer positiva*. Para comenzar a establecer un sólido fundamento en tu vida con respecto a lo que Jesús hizo por ti en la cruz y el poder que está disponible para ti ahora como un hijo de Dios.

Te recomiendo esta excelente serie de estudios bíblicos y enseñanzas disponibles en CD: *Las 7 virtudes del éxito, siempre positiva, mujer fructífera*, entre otros.

Si podemos ayudarte con algo más, asegúrate de escribirnos a: rebecasegebre@gmail.com
Visita nuestra página web: www.Vive360.org.

Recuerda,

¡Dios te ama y nosotros también!

Confesiones de una mujer positiva

Sana tu vida y reinventa tu felicidad. Libérate del dolor, los traumas, la ansiedad y recibe la felicidad plena. Experimenta el poder de la actitud positiva cada día.

Este libro te da un plan de acción para reinventar tu felicidad en el tiempo más corto posible, utilizando reflexiones, terapias y ejercicios en cada capítulo. Te enseña de forma práctica cómo nuestra actitud tiene la capacidad de transformar nuestro entorno y es un ingrediente esencial que determinará nuestra felicidad.

Despierta tu mejor yo, el cual tiene el poder para vivir un presente óptimo y un futuro emocionante, al que anhelas llegar debido a que es claro y conciso. Acciona hoy y construye hoy tu vida con una actitud positiva y esperanza en Dios. Este libro te muestra los secretos para sanar tu vida del dolor y experimentar la felicidad plena.

www.RebecaSegebre.org

www.ingramcontent.com/pod-product-compliance
Lightning Source LLC
Chambersburg PA
CBHW071500070426
42452CB00041B/1949